Herausgegeben von mixtipp Antje Watermann

Andrea Tomicek

Lieblings MARMELADEN

Kochen mit dem Thermomix®

LEMPERTZ

IMPRESSUM

Math. Lempertz GmbH
Hauptstraße 354
53639 Königswinter
Tel.: 02223 / 90 00 36
Fax: 02223 / 90 00 38
info@edition-lempertz.de
www.edition-lempertz.de

Dieses Kochbuch wurde nach bestem Wissen und Gewissen verfasst. Weder der Verlag noch der Autor tragen die Verantwortung für ungewollte Reaktionen oder Beeinträchtigungen, die aus der Verarbeitung der Zutaten entstehen.
Der Markenname „Thermomix" ist rechtlich geschützt und wird nur als Bestandteil der Rezepte verwendet. Für Schäden, die bei der Zubereitung der Gerichte an Personen oder Küchengeräten entstehen, wird keine Haftung übernommen.
Bitte beachte die Anwendungshinweise der Gebrauchsanweisung deines Thermomixgerätes.

www.facebook.com/MIXtippRezepte

Titelbild: Fotolia
Lektorat: Philipp Gierenstein, Laura Liebeskind, Alina Henke
Layout/Satz: Ralph Handmann
Gesamtherstellung: CPI

ISBN: 978-3-96058-091-1

Fotos: ©Fotolia: Heike Rau, Johanna Mühlbauer, scimmery1, sg2210, martinfredy, Kanea, Magdalena Kocuva, George Dolgikh, behewa, Kitty, Bozena Fulawka, Alena Ozerova, Andrea Wilhelm, emmegi61, ajlatan, Christian Fischer, HandmadePictures, laciatek, hanneliese, M.studio, TwilightArtPictures, losangela, Ruggiero Scardigno, petrabarz, PhotoSG, Christian Jung, skatzenberger, Printemps, hanneliese, mal14, piotr7717, andreaobzerova, wsf-f, Bernd Jürgens, fotoknips, yuliakotina, anitasstudio, Lilyana Vynogradova, Diana Taluin, Doris Heinrichs, ji_images, Sabine Schönfeld, Peredniankina, nata_vkusidey, vkuslandia, JoannaTsaczuk, dream79, Osterland, Africa Studio, Diana Vyshniakova, Eddie, Inga Nielsen, laciatek, dolphy_tv, Olesia Sarycheva, djama, StefanieB., Unclesam, matka_Wariatka, Dessie, ©shutterstock: wsf-s, Fotos: ©Fotolia: lapas77, fotoperle, Photographee.eu, VRD

Hagebutten

INHALT

HERBST

WINTER

MIXT DU SCHON?

Liebe Thermomixfreunde,

Marmeladen einkochen macht Spaß! Im Sommer ist wieder Hochsaison für Kirschen, Erdbeeren und Brombeeren – köstliche Früchte, die sich wunderbar zu den Klassikern unter den Marmeladen einkochen lassen! Doch wie wir in diesem Buch zusammen mit unserer Autorin Andrea Tomicek zeigen wollen, ist das Einkochen von Marmeladen keineswegs auf eine Zeit im Jahr beschränkt. Auch in der kalten Jahreshälfte lassen sich mit etwas Kreativität die tollsten Marmeladen herstellen, die dein Frühstück perfekt machen!

Marmelade selbst einkochen ist keineswegs mühsam und zeitaufwändig – dieses Denken stammt noch aus Omas Zeiten. Damals brauchte es viel Zeit und Arbeit, um eine kleine Menge des leckeren Brotaufstrichs zu erhalten. Doch das hat sich geändert, wie unsere Autorin hier beweist. Ihre Rezeptsammlung umfasst sowohl gute, alte, traditionelle Familienrezepte als auch exotisch-würzige Neukreationen, die sich ganz leicht nachkochen lassen. Und dank des Thermomix dauert die Zubereitung nicht länger als 20 Minuten.
Mithilfe von verschiedenen Gewürzen und tollen Zutaten kannst du zuhause eine große Auswahl an Marmeladen, angefangen bei der klassischen Erdbeermarmelade bis hin zur Kartoffelmarmelade, zaubern.

Mit unserem Buch erhältst du außerdem tolle Geschenkideen, denn Marmeladen lassen sich super verschenken. Aber auch für das tägliche Frühstück oder raffiniert zu Käse oder Wild passen unsere Marmeladen. Etwas Selbstgemachtes kommt immer gut an, vor allem wenn es die Lieblingsmarmelade ist.

Wir vom Mixtipp-Team wünschen dir viel Spaß beim Nachkochen und beim Ausprobieren deiner kreativen Ideen.

Antje Watermann

Herausgeberin, Edition Lempertz

Vorwort der Autorin

Ich freue mich, dass du dich für meine Rezepte entschieden hast. Es sind teilweise sehr alte Familienrezepte, die ich in meiner jahrzehntelangen Kocherfahrung verbessert und modernisiert habe. Damit du genauso viel Freude am Einkochen hast und dir alles gut gelingt, gebe ich hier gerne noch ein paar Tricks und Tipps an dich weiter.

Ich habe die meisten Rezepte für 1 kg Frucht geschrieben, um Überkochen und Überlaufen zu vermeiden. Natürlich kannst du die Rezepte der Menge nach halbieren. An der Herstellungszeit ändert sich dabei nichts.

Marmelade darf sich streng genommen – laut EU-Vorschrift – nur ein Fruchtaufstrich aus Zitrusfrüchten nennen. Fruchtaufstriche aus verschiedenen Früchten heißen somit nun Konfitüren. Eine Marmelade enthält, anders als eine Konfitüre, keine Fruchtstücke. Der Begriff „Konfitüre" wurde bisher für Aufstriche benutzt, die aus einer einzigen Fruchtsorte hergestellt wurden und sichtbare Fruchtstückchen enthalten. Aus alter Gewohnheit – und weil es meine Rezepte sind – heißt es bei mir „Marmelade" wie einst und jeher, selbst wenn es sich dabei möglicherweise um Konfitüre oder Fruchtaufstrich handelt.

Viel Spaß beim Nachkochen!

Andrea Tomicek

Andrea Tomicek

ANDREAS THERMO-TIPPS

Um manche Zutaten schnell zur Verfügung zu haben, greife ich auf kleine Vorbereitungs-Vorratshaltungs-Tricks zurück, bei denen der Thermomix sehr hilfreich ist.

- Schokohasen, Nikoläuse & Co. liegen manchmal lange herum und werden dann entsorgt. Ich zerkleinere diese gleich 6-10 Sekunden im Thermomix. Dabei schalte ich nach und nach von Stufe 2 auf Stufe 8-10, je nachdem, welche Konsistenz ich möchte. Dann fülle ich sie nach Vollmilch-, Zartbitter- und weißer Schokolade sortiert in Schraubgläser.

- Vanilleschoten mahle ich im Ganzen angetrocknet im Thermomix 15-20 Sekunden/ Stufe 10 zu Pulver und fülle sie ebenso in ein Schraubglas ab.

- Orangen & Zitronen kaufe ich nur unbehandelt und entferne die Schale immer mit dem Sparschäler (auch wenn ich Zitronensaft fürs Schnitzel brauche). Ich trockne die Schale, pulverisiere diese 15-20 Sekunden/ Stufe 10 und bewahre meinen Vorrat im Schraubglas auf.

- Setz beim Marmeladenkochen das Garkörbchen als Spritzschutz auf.

- Koche Marmeladen immer ohne aufgesetzten Messbecher.

- Diverse Gewürze, Zutaten und Zubehör habe ich immer im Vorrat: Anis, Zimt, Tonkabohnen, Chiliflocken, Koriander, Ras el-Hanout, Muskat, Nelken, Weihnachtsgewürz, Zitronensäure, Gelierzucker und Einmachgläser (nicht zu groß, ca. bis 250 ml).

GELIERZUCKER-TIPPS

Gelierzucker ist eine Mischung aus Zucker, Geliermittel und Pektin sowie Zitronensäure. Mit dem Pektin wird das Obst oder der Fruchtsaft gebunden. Es gibt mittlerweile auf dem Markt viele Sorten Gelierzucker und Geliermittel. Die gebräuchlichsten sind:

• Gelierzucker 1:1
Hierbei wird für 1 kg Frucht, Obst oder Saft die gleiche Menge Gelierzucker verwendet.

• Gelierzucker 2:1
Dies heißt, zwei Teile Frucht werden mit einem Teil Gelierzucker verkocht.

• Gelierzucker 3:1
Hier werden für 1500 g Frucht, Obst oder Saft 500 g Zucker benötigt.

• Gelierzucker 2:1 mit Stevia
Hiebei verwendet man für 1 kg Frucht, Obst oder Saft 350 g Gelierzucker. Der Brotaufstrich ist somit kalorienreduziert.

Lass die Marmelade oder das Gelee bitte ab einer Temperatur von 100°C immer 4 Minuten sprudelnd kochen, nicht mehr und nicht weniger. Eine kürzere Zeit kann die Marmelade verderblich werden und auch nicht gelieren lassen. Eine längere Zeit kann dazu führen, dass das Pektin abgebaut wird und die Marmelade oder das Gelee flüssiger werden, als nach der Gelierprobe zu erwarten war. Deshalb ist die Gelierprobe bei jeder Marmelade oder jedem Gelee unbedingt nötig. Falls der Aufstrich nicht die gewünschte Härte erreicht, gibt es zwei Möglichkeiten:

1. Man verwendet die Marmelade sofort, indem man sie in Quark oder Joghurt einrührt.
2. Man kocht sie erneut im Thermomix unter Zugabe von etwas Gelierzucker auf (wichtig ist, dass es die gleiche Sorte Geliermittel ist).

Gelierzucker 1:1, 2:1 und 3:1 sollten nie untereinander gemischt werden, da die Marmelade dann nicht geliert.
Wenn du nur ein halbes Paket Gelierzucker benutzt, vermische es vorher. Es kann sein, dass beim Abfüllen in die Packung die Geliermittel Pektin, Zitronensäure und Sorbinsäure unzureichend vermengt wurden. Das kann dazu führen, dass dein Kochgut nicht geliert.

HALTBARKEIT

- Hygienisch eingekochte Marmeladen und Gelees halten gut 1 Jahr, dies gilt bei allen Früchten.
- Bei einer Zugabe von Rosmarinzweigen, Lavendel, Rosenblättern, Eierlikör, Nüssen, Schokolade und ähnlichem verkürzt sich die Haltbarkeitszeit auf 6 Monate.
- Kalt gerührte Marmeladen sollten nur im Kühlschrank aufbewahrt werden und halten sich höchstens 14 Tage.
- Bewahre angebrochene Gläser immer im Kühlschrank auf!

ENTSAFTEN IM THERMOMIX

Geht mit allen Beeren oder Früchten, hier zum Beispiel Johannisbeeren

Zutaten

1000 g rote Johannisbeeren
250 g Wasser

1. Füll das Wasser in den Mixtopf und verteile die Beeren im Varoma. Stell den Thermomix auf 15 Minuten/ Varoma/ Stufe 1.

2. Füll den so entstandenen Saft immer wieder um und wiederhole den Vorgang so lange, bis alle Beeren entsaftet sind.

3. Anschließend kannst du den Saft zu Gelee einkochen oder als Schorle mit Mineralwasser verwenden.

mixtipp

Johannisbeersaft ist im Sommer als Schorle sehr erfrischend.

TIPPS – TRICKS – REGELN ZUM MARMELADENKOCHEN

Nimm dir Zeit zum Marmeladenkochen. Trotz mancher scheinbaren „Ratz-Fatz-Rezepte" klappt das nicht zwischen Tür und Angel.

Bereite dich vor:

- Such dir ein schönes Rezept heraus und lies es vor dem Kochen durch; manche Rezepte haben eine Vorbereitungszeit.
- Leg dir alle Zutaten bereit.
- Verarbeite das Obst so frisch wie möglich. Alle Obstsorten müssen vor dem Verbrauch gut gewaschen und geputzt werden.
- Die Marmeladengläser müssen gut gespült sein!
- Auf peinlichste Sauberkeit muss geachtet werden.
- Natürlich muss man öfters abschmecken, aber dann bitte immer den Löffel wechseln und mit einem frischen Löffel probieren. Vorsicht: Kleinste Speicheltröpfchen können das Gelieren verhindern.
- Eine Gelierprobe ist wichtig – hierzu einen kleinen Klecks Marmelade auf einen Teller geben. Erstarrt die Masse und/oder lässt sich zusammenschieben, ist die Marmelade oder das Gelee fertig.
- Nach dem Einfüllen immer auf den Rand achten: Die Marmelade wird kochend heiß bis ca. 1 cm unter den Rand eingefüllt.

- Falls etwas auf den Rand kleckert, wische es immer vor dem Verschließen – am besten mit Zewa – weg, da dies die Haltbarkeit beeinträchtigt.
- Twist-off-Gläser müssen nicht mehr auf den Kopf gestellt werden, das verschmiert nur unnötig.
- Nach dem Abfüllen und Verschließen lasse ich die Gläser einen Tag stehen, da manche Marmeladen (Gelees erst recht) einige Zeit zum Festwerden brauchen.
- Manche Gelees brauchen 2 Tage Zeit zum Gelieren, deshalb Schütteln, Drehen und Wenden vermeiden!
- Der Geliervorgang in den Gläsern kann eine Woche oder länger dauern.
- Dass Alkohol zu 100% beim Kochen verfliegt, ist ein Irrglaube! Vorsicht ist auf alle Fälle immer geboten, vor allem bei Kindern.
- Alle Marmeladen kann man auch einfrieren. Das lohnt sich besonders bei Erdbeermarmelade, die dann ihre schöne Farbe behält.
- Wichtig: Vor dem Abfüllen bitte immer abschäumen, falls sich Schaum gebildet hat – der Schaum ist aus den Früchten ausgekochtes Eiweiß und verkürzt die Haltbarkeit des Einkochgutes (durch Bakterien). Den Schaum aber nicht wegwerfen, sondern beim nächsten Frühstück genießen!

SUPER-GEHEIMTIPP

Zu guter Letzt: Mein geheimer Tipp: Ich lasse die letzten 2 Minuten im Linkslauf laufen – das beruhigt eventuell sich bildende Bläschen und verhindert die Schaumbildung etwas.

FRÜHLING

6 Gläser

20 Min.

leicht

ANDREAS ERDBEERMARMELADE (ZUCKERREDUZIERT)

Zubereitungszeit: 20 Minuten
Zutaten für 6 Gläser

- 1000 g Erdbeeren
- Saft einer Zitrone
- 1 Vanilleschote, ausgekratzt
- 350 g Gelierzucker 2:1 mit Stevia

1. Wasche und putze die Erdbeeren und püriere sie 12 Sekunden/ Stufe 8. Dann gibst du den Zitronensaft, das ausgekratzte Vanillemark und den Gelierzucker hinzu und vermischst alles 3 Sekunden/ Stufe 5.

2. Koch die Masse anschließend 12-15 Minuten/ 100°C/ Stufe 2 mit dem Garkörbchen als Spritzschutz.

3. Mach eine Gelierprobe und füll die heiße Marmelade in Twist-off-Gläser.

6 Gläser

20 Min.

leicht

EINFACHE ERDBEERMARMELADE

Zutaten für 6 Gläser
Zubereitungszeit: 20 Minuten

1000 g Erdbeeren
1000 g Gelierzucker 1:1

1. Zuerst wäschst und putzt du die Erdbeeren und viertelst ein Drittel davon. Stell es dann beiseite.

2. Pürier nun die restlichen Erdbeeren im Mixtopf 12 Sekunden/ Stufe 8 und gib anschließend den Gelierzucker hinzu. Vermenge alles noch einmal 3 Sekunden/ Stufe 5.

3. Anschließend lässt du die Mischung 7 Minuten/ 100°C/ Stufe 2 aufkochen.

4. Füge die geviertelten Erdbeeren hinzu und koch die Marmelade 6 Minuten/ 100°C/ Linkslauf/ Stufe 1 fertig.

5. Bevor du die Marmelade abfüllst, schöpfst du den Schaum ab.

4 Gläser

10 Min.

leicht

ERDBEERMARMELADE – KALT GERÜHRT

Zubereitungszeit: 10 Minuten
Zutaten für 4 Gläser

- 500 g Zucker
- 500 g Erdbeeren, gewaschen und geputzt
- 50 g Zitronensaft
- (eventuell 50 g Rum)

1. Pulverisiere als Erstes den Zucker im Mixtopf 10 Sekunden/ Stufe 10 zu Puderzucker und stell ihn in einer Schüssel beiseite.

2. Nun pürierst du die Erdbeeren 20 Sekunden/ Stufe 8, fügst den Puderzucker und den Zitronensaft hinzu und verrührst die Mischung 4 Minuten/ Stufe 6 zu einem steifen Fruchtbrei. Wenn du magst, gibst du dabei den Rum dazu.

3. Fülle den Fruchtbrei in Gläser ab und stell die Marmelade im Kühlschrank kalt.

4. Die Marmelade sollte innerhalb von 14 Tagen verzehrt werden. Du kannst sie alternativ auch einfrieren.

6 Gläser

20 Min.

leicht

ERDBEER-INGWER-MARMELADE

Zubereitungszeit: 20 Minuten
Zutaten für 6 Gläser

- 1000 g Erdbeeren
- 75 g kandierter Ingwer
- 500 g Gelierzucker 2:1

1. Zuerst wäschst und putzt du die Erdbeeren und pürierst sie 30 Sekunden/ Stufe 8 im Mixtopf.

2. Gib anschließend die weiteren Zutaten hinzu und vermenge sie 3 Sekunden/ Stufe 5 mit den Erdbeeren.

3. Koch abschließend alles 12-15 Minuten/ 100°C/ Stufe 2 ein. Schöpf den Schaum, der beim Einkochen entstanden ist, ab und füll die Marmelade in Twist-off-Gläschen.

4 Gläser

20 Min.

leicht

ERDBEEREN MIT BASILIKUM

Zubereitungszeit: 20 Minuten
Zutaten für 4 Gläser

- 10-12 Basilikumblätter
- 1000 g Erdbeeren
- 1 Vanilleschote, ausgekratzt
- 50 g Zitronensaft
- 350 g Gelierzucker 3:1

1. Zerkleinere als Erstes die Basilikumblätter 8 Sekunden/ Stufe 8 im Mixtopf.

2. Wasche und putze nun die Erdbeeren und püriere sie zusammen mit den Basilikumblättern 10 Sekunden/ Stufe 8.

3. Jetzt gibst du alle weiteren Zutaten zu der Mischung, verrührst sie 3 Sekunden/ Stufe 5 und kochst sie 12-14 Minuten/ 100°C/ Stufe 2, bis du die fertige Marmelade erhältst.

4. Mach vor dem Abfüllen der noch heißen Erdbeermarmelade eine Gelierprobe.

4 Gläser

20 Min.

leicht

ERDBEEREN, HIMBEEREN & LAVENDEL

Zubereitungszeit: 20 Minuten
Zutaten für 4 Gläser

- 250 g Himbeeren, verlesen
- 600 g Erdbeeren, gewaschen und geputzt
- 150 g Orangensaft
- 80 g Limettensaft
- 1 TL Lavendelblüten, getrocknet
- 500 g Gelierzucker 2:1

1. Zuerst pürierst du die Himbeeren 1 Minute/ Stufe 8 (je nach gewünschter Konsistenz) im Mixtopf.

2. Gib nun die Erdbeeren hinzu und püriere sie zusammen mit dem Orangen- und Limettensaft 30 Sekunden/ Stufe 8.

3. Als Nächstes rührst du die Lavendelblüten und den Gelierzucker 3 Sekunden/ Stufe 5 unter.

4. Koch die Mischung 13-15 Minuten/ 100°C/ Stufe 2 ein. Vergiss die Gelierprobe vor dem Abfüllen nicht.

mixtipp
Wenn du die Marmelade lieber etwas süßer isst, gib statt 500 g Gelierzucker 2:1 1000 g Gelierzucker 1:1 hinzu.

10 Gläser

40 Min.

mittel

ERDBEERE KÜSST HOLUNDERBLÜTE

1. Dieses Rezept besteht aus dem Holunderblütengelee (S. 48) und der Erdbeermarmelade (S. 16).

2. Koche zuerst das Holunderblütengelee. Füll es bis zur Hälfte in Einmachgläser und lass es verschlossen über Nacht ruhig stehen.

3. Nun kochst du die Erdbeermarmelade. Lass sie vorsichtig über einen Löffel in die bereits zur Hälfte gefüllten Einmachgläser laufen.

4. Jetzt verschließt du die Gläser wieder und hast eine köstliche zweischichtige Marmelade, die toll aussieht und eine wahre Geschmacksexplosion ist.

7 Gläser

8 h
25 Min.

mittel

ERDBEER-RHABARBER-MARMELADE „VANILLETRAUM“

Zubereitungszeit: 25 Minuten
Ziehzeit: mindestens 8 Stunden
Zutaten für 7 Gläser

- 500 g Rhabarber, abgezogen und in 2 cm Stücken
- 500 g Erdbeeren, gewaschen und geputzt
- 50 g Zitronensaft
- 1 Vanilleschote, ausgekratzt
- 500 g Gelierzucker 2:1
- 1 Päckchen Vanillepuddingpulver

1. Vermische zuerst die beiden Obstsorten mit Zitronensaft, Vanillemark und Gelierzucker und lass das Gemisch über Nacht stehen, bis Saft gezogen ist.

2. Die Mischung kochst du am nächsten Morgen für 9 Minuten/ 100°C/ Stufe 3 im Mixtopf.

3. Füge das Puddingpulver hinzu, vermenge alles 3 Sekunden/ Stufe 6 miteinander und koch die Marmelade dann 4-6 Minuten/ 100°C/ Stufe 3 fertig.

4. Pürier die Marmelade nach einer Sichtprobe 20 Sekunden/ Stufe 5. Mach eine Gelierprobe, bevor du den Vanilletraum in Twist-off-Gläschen abfüllst.

4 Gläser

3 h 20 Min.

leicht

ERDBEER-ROTWEIN-MARMELADE

Zubereitungszeit: 20 Minuten
Ziehzeit: 3 Stunden
Zutaten für 4 Gläser

- 600 g Erdbeeren, gewaschen und geputzt
- 400 g Rotwein, trocken
- 2 Messerspitzen Tonkabohne, abgerieben
- 2 Messerspitzen Orangenschalenpulver
- 1 Vanilleschote, ausgekratzt
- 500 g Gelierzucker 2:1

1. Zuerst zerkleinerst du die Erdbeeren im Mixtopf 4 Sekunden/ Stufe 8 zu einem Püree.

2. Nun gibst du alle weiteren Zutaten hinzu und vermengst alles 2 Sekunden/ Stufe 5 miteinander.

3. Lass die Mischung danach 3 Stunden lang ziehen, damit die Geschmacksnuancen noch besser zur Geltung kommen.

4. Anschließend kochst du die Marmelade 12-14 Minuten/ 100°C/ Stufe 2.

6 Gläser

3 h 25 Min.

leicht

RHABARBER-MARMELADE

Zubereitungszeit: 25 Minuten
Ziehzeit: 3 Stunden
Zutaten für 6 Gläser

1000 g Rhabarber
100 g Wasser/ Kirschsaft (schöner wegen der Farbe)
500 g Gelierzucker 2:1
1 Vanilleschote, ausgekratzt

1. Als Erstes wäschst und putzt du den Rhabarber und schneidest ihn in 1 cm große Stücke. Lass ihn mit dem Wasser oder Kirschsaft 5 Minuten/ 100°C/ Linkslauf/ Stufe 2 im Mixtopf kochen.

2. Rühre anschließend das Vanillemark und den Gelierzucker 4 Sekunden/ Linkslauf/ Stufe 5 unter.

3. Das Ganze muss nun 3 Stunden ruhen. Anschließend kochst du die Mischung 15 Minuten/ 100°C/ Linkslauf/ Stufe 1 ein.

4. Pürier die Marmelade nach einer Sichtprobe abschließend 3-15 Sekunden/ Stufe 5.

4 Gläser

3 h 30 Min.

mittel

RHABARBERGELEE „ROTE HEXE"

Zubereitungszeit: 30 Minuten
Ziehzeit: 3-4 Stunden
Zutaten für 4 Gläser

- 500 g Rhabarber
- 200 g Apfelsaft oder Wasser
- 50 g Zitronensaft
- 1 Vanilleschote, ausgekratzt
- 300 g Gelierzucker 2:1
- 20 g Kirschsaft

1. Wasch den Rhabarber, zieh die Fäden ab und schneide ihn in 2 cm große Stücke. Den geputzten Rhabarber gibst du zuerst zusammen mit dem Zitronensaft und dem Apfelsaft oder Wasser in den Mixtopf und kochst die Mischung 10 Minuten/ 100°C/ Linkslauf/ Stufe 2 auf. Lass sie anschließend 3-4 Stunden ziehen.

2. Lass die Rhabarbermischung nun durch ein Sieb laufen (nicht ausdrücken, sonst wird das Gelee trüb) und fülle 600 g der Flüssigkeit in den Mixtopf.

3. Gib die restlichen Zutaten hinzu und vermische alles 2 Sekunden/ Stufe 5.

4. Das Rhabarbergelee musst du nun 12 Minuten/ 100°C/ Stufe 2 kochen lassen. Vergiss die Gelierprobe nicht, bevor du das Gelee in Gläschen abfüllst.

mixtipp
Essbares Gold macht dieses Gelee besonders „märchenhaft".

SOMMER

6 Gläser

15 Min.

leicht

HOLUNDERBEEREN-GELEE

Zubereitungszeit: 15 Minuten
Zutaten für 6 Gläser

- 750 g Holunderbeerensaft
- 150 g Orangensaft
- 50 g Zitronensaft
- 1 Messerspitze Orangenschalenpulver
- 1 Vanilleschote, ausgekratzt
- 50 g Sherry
- ½ TL Zitronensäure
- 500 g Gelierzucker 2:1

1. Wieg alle Zutaten in den Mixtopf ein und vermenge sie 3 Sekunden/ Stufe 3 miteinander.

2. Anschließend kochst du die Mischung 12-14 Minuten/ 100°C/ Stufe 3 ein.

HOLUNDERMARMELADE

Zubereitungszeit: 15 Minuten
Zutaten für 4 Gläser

500 g Holunderbeeren, gewaschen und entstielt
50 g Zitronensaft
1 Messerspitze Zitronenschalenpulver
1 Messerspitze Orangenschalenpulver
50 g Sherry
600 g Gelierzucker 1:1

1. Zuerst putzt du die Holunderbeeren und pürierst sie 10 Sekunden/ Stufe 5-6 im Mixtopf. Setz dafür den Messbecher ein und halte ihn fest – Holunderbeeren hinterlassen Flecken.

2. Gib danach alle anderen Zutaten hinzu und koch sie 8-10 Minuten/ 100°C/ Stufe 2 ein.

1200 g

24 h

leicht

HOLUNDERBLÜTEN-GELEE-GRUNDMASSE

Braucht 24 Stunden Vorbereitungszeit

Zutaten für 1200 g

12-14 Holunderblütendolden

2 Zitronen, in Scheiben geschnitten

1200 g Apfelsaft

1. Leg die ungewaschenen Holunderblüten (Dolden) mit dem Stiel nach oben in eine verschließbare Dose. Gib nun die leicht ausgepressten Zitronenscheiben und den Apfelsaft dazu und lass das Gemisch zugedeckt und kühl gelagert 24 Stunden ziehen.

2. Lass die Flüssigkeit nun durch ein Tuch ablaufen und fang sie auf.

3. Tipp: Das Tuch solltest du nicht ausdrücken, sonst wird das Gelee trüb.

4. Nun hast du die sogenannte Grundmasse hergestellt und du kannst ans Einkochen gehen.

4 Gläser

1 Tag
15 Min.

leicht

FRANKFURTER HOLUNDERBLÜTEN-GELEE

Die Grundmasse (S. 44) statt mit Apfelsaft mit 1200 g gutem „Stöffche" (Apfelwein) zubereiten

Zubereitungszeit für die Grundmasse: 1 Tag
Zubereitungszeit für das Gelee: 15 Minuten
Zutaten für 4 Gläser

500 g Grundmasse (Rezept S. 44)
½ Vanilleschote, ausgekratzt
1 Messerspitze Zimt
1 Messerspitze Nelkenpulver
500 g Gelierzucker 1:1

1. Gib alle Zutaten in den Mixtopf und vermische sie 4 Sekunden/ Stufe 5.

2. Nun kochst du die Mischung 12-14 Minuten/ 100°C/ Stufe 2 auf.

3. Dieses Gelee braucht lange, um fertig zu gelieren. Lass es währenddessen ruhig stehen.

Holunderblütengelee

4 Gläser

20 Min.

leicht

HOLUNDERBLÜTEN-GELEE

Zubereitungszeit: 20 Minuten
Zutaten für 4 Gläser

500 g Holunderblüten-Grundmasse (Saft) (Rezept S. 44)

½ Vanilleschote, ausgekratzt

500 g Gelierzucker 1:1

1. Gib alle Zutaten in den Mixtopf und vermische sie 4 Sekunden/ Stufe 4.

2. Nun kochst du die Mischung 14 Minuten/ 100°C/ Stufe 2 ein. Setz dazu das Garkörbchen als Spritzschutz ein.

3. Mach eine Gelierprobe und fülle das Gelee dann ab. Es braucht länger, um fertig zu gelieren.

mixtipp
Wenn du einen TM 31 hast, solltest du die Flüssigkeit während der Kochzeit ständig im Auge haben, sie kocht sehr gerne über.

6 Gläser

8 h
15 Min.

leicht

SÜSSKIRSCH-MARMELADE

Zubereitungszeit: 15 Minuten
Ziehzeit: 8 Stunden
Zutaten für 6 Gläser

- 900 g Süßkirschen, entsteint
- 100 g Zitronensaft
- ½ TL Zimt
- 2 Messerspitzen Nelken
- 500 g Gelierzucker 2:1

1. Zuerst wäschst, entsteinst und zerkleinerst du die Kirschen 3 Sekunden/ Stufe 5 im Mixtopf.

2. Verrühre die Kirschen 3 Sekunden/ Stufe 5 mit den restlichen Zutaten und stell den Mixtopf über Nacht kühl.

3. Am nächsten Tag kannst du die Kirsch-Mischung 10-13 Minuten/ 100°C/ Linkslauf/ Stufe 1 fertig kochen.

6 Gläser

15 Min.

leicht

APRIKOSENMARMELADE

Zubereitungszeit: 15 Minuten
Zutaten für 6 Gläser

1000 g Aprikosen, entsteint
50 g Zitronensaft
½ TL Zimt
3 Messerspitzen Tonkabohnenpulver
3 Messerspitzen Cayennepfeffer
500 g Gelierzucker 2:1

1. Gib zuerst die gewaschenen Aprikosen in den Mixtopf und zerkleinere sie 1 Minute/ Stufe 7-8.

2. Füge dann die restlichen Zutaten hinzu und vermische alles zusammen mit dem Aprikosenmus 4 Sekunden/ Stufe 5.

3. Zum Schluss kochst du die Mischung 13 Minuten/ 100°C/ Stufe 2.

6 Gläser

15 Min.

leicht

APRIKOSEN-MANDEL-MARMELADE

Zubereitungszeit: 15 Minuten
Zutaten für 6 Gläser

- 60 g Mandeln
- 900 g Aprikosen, entsteint
- 50 g Zitronensaft
- 1 Vanilleschote, ausgekratzt
- ½ Fläschchen Mandelaroma
- 500 g Gelierzucker 2:1

1. Zerkleinere die Mandeln 10 Sekunden/ Stufe 8 im Mixtopf und fülle sie anschließend in eine Schüssel um.

2. Püriere nun die Aprikosen 1 Minute/ Stufe 8 und gib die restlichen Zutaten hinzu. Vermische alles 3 Sekunden/ Stufe 5.

3. Koch die Marmelade 10-13 Minuten/ 100°C/ Stufe 3, mach eine Gelierprobe und füll die Marmelade in Gläschen ab.

mixtipp
Wer es krachend mag,
lässt einige Mandeln ganz.

3 Gläser

15 Min.

leicht

HIMBEERMARMELADE

Zubereitungszeit: 15 Minuten
Zutaten für 3 Gläser

- 500 g Himbeeren
- 30 g Zitronensaft
- 2 Messerspitzen Tonkabohnenpulver
- 250 g Gelierzucker 2:1

1. Püriere die Himbeeren 2 Minuten/ Stufe 10 im Mixtopf.

2. Füge nun die restlichen Zutaten zu den Himbeeren hinzu und vermenge alles 3 Sekunden/ Stufe 5.

3. Bevor du die Mischung 11-14 Minuten/ 100°C/ Stufe 2 einkochst, setzt du das Garkörbchen als Spritzschutz ein.

4. Mach eine Gelierprobe und füll die heiße Marmelade in Gläschen ab. Fertig!

HIMBI-FEUER HIMBEER-MEERRETTICH-MARMELADE

Zubereitungszeit: 20 Minuten
Zutaten für 6 Gläser

- ca. 15 cm Meerrettich, geschält und in 2 cm Stücken
- 500 g Himbeeren, verlesen
- 400 g Orangensaft, frisch gepresst
- Zitronensaft einer Zitrone, frisch gepresst
- 500 g Gelierzucker 2:1

1. Zerkleinere den Meerrettich im Mixtopf 12 Sekunden/ Stufe 10. Nach 5 Sekunden schiebst du ihn mit dem Spatel nach unten und zerkleinerst ihn dann weiter.

2. Gib nun die Himbeeren hinzu und püriere sie 12-15 Sekunden/ Stufe 8. Je länger du die Masse pürierst, desto feiner wird die Konsistenz.

3. Vermenge die Meerrettich-Himbeer-Masse 3 Sekunden/ Stufe 5 mit dem Orangen- und Zitronensaft und dem Gelierzucker.

4. Bring alles zusammen 10-13 Minuten/100°C/ Stufe 2 zum Kochen. Vor dem Abfüllen solltest du den Schaum abschöpfen, der beim Kochen entstanden ist.

6 Gläser

20 Min.

mittel

HIMBI-KUSS – HIMBEER-SCHOKO-KIRSCH-MARMELADE

Zubereitungszeit: 20 Minuten
Zutaten für 6 Gläser

- 75 g Bitterschokolade
- 500 g Himbeeren, verlesen
- 500 g Kirschen (gefroren und aufgetaut)
- 1 Zitrone, ausgepresst
- 1 Vanilleschote, ausgekratzt
- 500 g Gelierzucker 2:1

1. Als Erstes zerkleinerst du die Schokolade 15 Sekunden/ Stufe 10 im Mixtopf und stellst sie in einer Schüssel beiseite.

2. Püriere die Himbeeren 20 Sekunden/ Stufe 10 und streiche sie dann durch ein Sieb. Gib die Himbeermasse nun mit den Kirschen in den Mixtopf und püriere sie zusammen weitere 12 Sekunden/ Stufe 8.

3. Als Nächstes füllst du die Fruchtmischung mit Zitronensaft, Vanillemark und Gelierzucker auf und vermischst alles 4 Sekunden/ Stufe 5.

4. Nun lässt du die Marmelade 14 Minuten/ 100°C/ Stufe 2 einkochen. Kurz vor dem Kochende gibst du die Schokoladenraspeln dazu, damit sie anschmelzen können.

6 Gläser

30 Min.

mittel

SCHWARZES JOHANNISBEERGELEE PIMM'S NO. 1

Zubereitungszeit: 30 Minuten
Zutaten für 6 Gläser

- 1500 g schwarze Johannisbeeren, ergeben 900 g Saft
- 1 Vanilleschote, ausgekratzt
- 50 g Pimm's No. 1, Kräutergin
- 500 g Gelierzucker 2:1

1. Entsafte zuerst die Johannisbeeren, wie es im Rezept zum Entsaften von Früchten beschrieben ist (siehe S. 11).

2. Nun wiegst du 900 g Johannisbeersaft in den Mixtopf ein und fügst die restlichen Zutaten hinzu. Vermische alles 5 Sekunden/ Stufe 5.

3. Die Marmelade ist fertig, wenn du sie 13 Minuten/ 100°C/ Stufe 2 kochen lässt. Mach eine Gelierprobe, schöpf den entstandenen Schaum ab und fülle sie noch heiß in Gläschen ab.

6 Gläser

20 Min.

leicht

STACHELBEER-MARMELADE

Zubereitungszeit: 20 Minuten
Zutaten für 6 Gläser

- 850 g Stachelbeeren, gewaschen und geputzt
- 50 g Zitronensaft
- 1 Vanilleschote, ausgekratzt
- 500 g Gelierzucker 2:1

1. Als Erstes pürierst du die Stachelbeeren 15 Sekunden/ Stufe 7 und gibst die restlichen Zutaten hinzu. Vermenge alles 2 Sekunden/ Stufe 5.

2. Koch nun die Marmelade 12-14 Minuten/ 100°C/ Stufe 2 fertig.

6 Gläser

30 Min.

mittel

STACHELBEERGELEE

Zubereitungszeit: 30 Minuten
Zutaten für 6 Gläser

- 850 g Stachelbeersaft
- 50 g Zitronensaft
- 1 Messerspitze Zitronenschalenpulver
- 1 Messerspitze Orangenschalenpulver
- 2 Messerspitzen geriebene Tonkabohne
- 500 g Gelierzucker 2:1

1. Entsafte zuerst die Stachelbeeren wie auf Seite 11 beschrieben.

2. Gib nun alle Zutaten in den Mixtopf und vermenge die Flüssigkeit 2 Sekunden/ Stufe 6.

3. Das Gelee kochst du jetzt 13 Minuten/ 100°C/ Stufe 2 ein. Setz dabei das Garkörbchen als Spritzschutz ein. Vor dem Abfüllen die Gelierprobe nicht vergessen.

mixtipp
1 TL Ras el-Hanout verleiht dem Gelee eine orientalische Note.

6 Gläser

20 Min.

leicht

BROMBEERMARMELADE

Zubereitungszeit: 20 Minuten
Zutaten für 6 Gläser

1000 g Brombeeren
1 Vanilleschote, ausgekratzt
500 g Gelierzucker 2:1
50 g Zitronensaft

1. Püriere zuerst die Brombeeren 1 Minute/ Stufe 10, bis die meisten Kerne ebenfalls zerkleinert sind.

2. Dann schlitzt du die Vanilleschote längs auf und kratzt das Mark heraus. Gib es mit Gelierzucker und Zitronensaft auf die Brombeermasse. Danach vermengst du alles 2 Sekunden/ Stufe 5.

3. Die Marmelade kochst du abschließend 10-12 Minuten/ 100°C/ Stufe 2 fertig. Mach zu guter Letzt eine Gelierprobe und lass sie abgefüllt in Gläschen abkühlen.

Auch hier sind verschiedene Varianten möglich:

- Brombeer-Oriental: Gib einfach 1 TL Ras el-Hanout zur Fruchtmischung.
- Brombeer-Birnen-Marmelade: Ersetze 500 g Brombeeren durch geschälte und entkernte Birnen. Zudem verwendest du Orangensaft statt Zitronensaft und gibst 3 Messerspitzen Orangenschale hinzu.
- Brombeer-Johannisbeere
- Brombeer-Rotwein
- Brombeer-Campari-Orange
- Brombeer-Weiße Schokolade
- Brombeer-Weihnachtsgewürze

6 Gläser

20 Min.

mittel

NEKTARINENKONFITÜRE MIT SCHUSS

Zubereitungszeit: 20 Minuten
Zutaten für 6 Gläser

- 900 g Nektarinen, entsteint
- 50 g Zitronensaft
- 500 g Gelierzucker 2:1
- 75 g Grand Marnier-Orangenlikör

1. Als Erstes wäschst du die Nektarinen und entfernst die Steine. Dann pürierst du sie 1 Minute/ Stufe 10, die Haut musst du dafür nicht entfernen.

2. Anschließend gibst du den Zitronensaft und den Gelierzucker hinzu und vermischst alles 2 Sekunden/ Stufe 6.

3. Koch die Konfitüre nun 12-13 Minuten/ 100°C/ Stufe 3, gieß kurz vor Kochende den Orangenlikör hinzu und mach vor dem Umfüllen eine Gelierprobe.

6 Gläser

20 Min.

mittel

PFIRSICH-MANGO-MARMELADE

Zubereitungszeit: 20 Minuten
Zutaten für 6 Gläser

- 450 g Pfirsiche, entkernt
- 500 g Mangosaft
- 50 g Zitronensaft
- ½ Fläschchen Vanillearoma
- 500 g Gelierzucker 2:1

1. Wasche und entsteine zuerst die Pfirsiche. Dann pürierst du sie im Mixtopf 40 Sekunden/ Stufe 8.

2. Anschließend füllst du Mango- und Zitronensaft, Vanillearoma und Gelierzucker in den Mixtopf und vermengst alles 2 Sekunden/ Stufe 5.

3. Koch die Marmelade nun 12 Minuten/ 100°C/ Stufe 2 fertig. Als Spritzschutz kannst du das Garkörbchen einsetzen.

HERBST

4 Gläser

30 Min.

mittel

QUITTENSAFT UND QUITTENMASSE

VORBEREITUNG FÜR QUITTEN-MARMELADE UND -GELEE

1. Befreie die Quitten (ca. 3000 g) mit einem Tuch vom Flaum, schneide sie in grobe Stücke und entferne dabei den Blütenansatz und den Stiel; Kerngehäuse und Schale können dran bleiben.

2. Köchele die Quitten nun mit 1000 g Wasser und dem Saft einer Zitrone mindestens 1 ½ Stunden. Danach lässt du die Mischung 2-4 Stunden ziehen, das intensiviert den Geschmack.

3. Lass die Masse über Nacht durch ein Passiersäckchen laufen (nicht ausdrücken, dann wird der Saft trüb). Fang den Quittensaft auf und verwahre ihn zum Weiterverarbeiten.

4. Die restlichen Quitten pürierst du im Mixtopf 20 Sekunden/ Stufe 10 und streichst sie durch ein Sieb.

5. Nun hast du Saft und Masse zur Weiterverarbeitung gewonnen.

6 Gläser

15 Min.

mittel

OMAS QUITTENMARMELADE

Zubereitungszeit: 15 Minuten
Zutaten für 6 Gläser

- 700 g Quittenmasse
- 50 g Zitronensaft
- 200 g Apfelsaft
- 1 Vanilleschote, ausgekratzt
- 500 g Gelierzucker 2:1
- 35 g Sherry

1. Gib alle Zutaten, bis auf den Sherry, in den Mixtopf und vermenge sie 4 Sekunden/ Stufe 5.

2. Koch sie anschließend 13 Minuten/ 100°C/ Stufe 2. 2 Minuten vor Kochende gibst du den Sherry dazu.

3. Mach zum Schluss eine Gelierprobe und füll die Marmelade in Gläschen ab.

6 Gläser

15 Min.

mittel

ANDREAS QUITTENGELEE

Zubereitungszeit: 15 Minuten
Zutaten für 6 Gläser

1000 g Quittensaft
50 g Zitronensaft
350 g Zucker
1 Päckchen Gelfix 3:1

1. Gib Quittensaft, Zitronensaft, Zucker und Gelfix in den Mixtopf und vermenge sie 3 Sekunden/ Stufe 5.

2. Koch das Gelee 13 Minuten/ 100°C/ Stufe 1 fertig, vergiss vor dem Abfüllen die Gelierprobe nicht.

7 Gläser

15 Min.

leicht

SCHNELLE QUITTENMARMELADE

Zubereitungszeit: 15 Minuten
Zutaten für 7 Gläser

- 600 g Quitten, entkernt
- 100 g Wasser
- 50 g Zitronensaft
- 750 g Gelierzucker 1:1

1. Zerkleinere die gewaschenen und entkernten Quitten 10 Sekunden/ Stufe 5 im Mixtopf und vermenge sie anschließend 2 Sekunden/ Stufe 5 mit Wasser, Zitronensaft und Gelierzucker.

2. Koch die Marmelade 14-16 Minuten/100°C/ Stufe 1 fertig. Setz das Garkörbchen dabei als Spritzschutz ein.

6 Gläser

15 Min.

mittel

OMAS QUITTENGELEE

Zubereitungszeit: 15 Minuten
Zutaten für 6 Gläser

- 500 g Quittensaft
- 1 Vanilleschote, ausgekratzt
- 500 g Gelierzucker 1:1
- 20 g Sherry

1. Vermische Quittensaft, Vanille, Sherry und Gelierzucker miteinander 3 Sekunden/ Stufe 5 im Mixtopf.

2. Koch das Gelee anschließend 11-13 Minuten/ 100°C/ Stufe 1 fertig.

3. Schäume es ab und mach eine Gelierprobe.

mixtipp
Toll sieht das Quittengelee auch mit Lavendelblüten aus. Koch sie dafür einfach 1 Minute mit. Die Blüten bieten auch einen tollen neuen Geschmack.

6 Gläser

15 Min.

leicht

PFLAUMENMARMELADE MIT ROTWEIN

Zubereitungszeit: 15 Minuten
Zutaten für 6 Gläser

- 800 g Pflaumen, entsteint
- 200 g Rotwein, trocken
- 3 Messerspitzen Zimt
- 3 Messerspitzen Kardamompulver
- 500 g Gelierzucker 2:1

1. Püriere als Erstes die gewaschenen Pflaumen 1 Minute/ Stufe 8 und gib anschließend Rotwein, Gewürze und Gelierzucker hinzu. Hebe die Zutaten 4 Sekunden/ Stufe 5 unter.

2. Nun kochst du alles 12 Minuten/ 100°C/ Stufe 3.

3. Nachdem du die Sichtprobe und Gelierprobe gemacht hast, kannst du die Pflaumenmarmelade eventuell feiner pürieren.

6 Gläser

2-3 h
20 Min.

leicht

PFLAUMENMUS

Zubereitungszeit: 20 Minuten
Ziehzeit: 2-3 Stunden
Zutaten für 6 Gläser

1000 g Pflaumen, entsteint
1 Vanilleschote, ausgekratzt
2 TL Zimt
2 Messerspitzen Nelkenpulver
2 Messerspitzen Anispulver
500 g Gelierzucker 2:1

1. Für dieses leckere Pflaumenmus gibst du alle Zutaten in den Mixtopf und vermengst sie 4 Sekunden/ Stufe 4.

2. Lass die Masse 2-3 Stunden ziehen, bevor du sie 20 Sekunden/ Stufe 10 fein pürierst.

3. Koch das Pflaumenmus zum Schluss 14 Minuten/ 100°C/ Linkslauf/ Stufe 2-3.

6 Gläser

2-3 h
20 Min.

mittel

PHYSALISMARMELADE

Zubereitungszeit: 20 Minuten
Ziehzeit: 2-3 Stunden
Zutaten für 6 Gläser

- 800 g Physalis
- 200 g Orangensaft
- ½ TL Zitronensäure
- 500 g Gelierzucker 2:1

1. Als Erstes entfernst du die Blätter der Physalis und wäschst die Früchte. Püriere sie danach 5 Sekunden/ Stufe 8.

2. Nun fügst du Orangensaft, Zitronensäure und Gelierzucker hinzu und vermengst alles 4 Sekunden/ Stufe 5 miteinander.

3. Anschließend musst du die Mischung 2-3 Stunden ziehen lassen; so kann sich der Geschmack richtig entfalten.

4. Die Marmelade ist fertig, nachdem du sie 12-14 Minuten/ 100°C/ Stufe 2 gekocht hast.

6 Gläser

20 Min.

mittel

KÜRBISMARMELADE

Zubereitungszeit: 20 Minuten
Zutaten für 6 Gläser

- 600 g Hokkaidokürbis, entkernt und geschält
- 1 Vanilleschote, ausgekratzt
- 300 g Orangensaft, frisch gepresst
- 1 Messerspitze Orangenschalenpulver
- 80 g Zitronensaft
- 500 g Gelierzucker 2:1

1. Als Erstes wäschst du den Kürbis und schneidest ihn in Stücke. Je nach gewünschter Konsistenz kannst du ihn schälen.

2. Nun gibst du die Kürbisstückchen in den Mixtopf und zerkleinerst sie 2 Minuten/ Stufe 6-8 (Grundregel: Nie Obst oder Gemüse in den Mixtopf geben, das größer als die Öffnung des Deckels ist).

3. Als Nächstes schneidest du die Vanilleschote der Länge nach auf und kratzt das Mark heraus. Gib es mit allen restlichen Zutaten in den Mixtopf und vermenge alles 3 Sekunden/ Stufe 5 mit dem Kürbispüree.

4. Koch die Masse anschließend 12-14 Minuten/ 100°C/ Stufe 3 ein. Nach einer Sichtprobe kannst du die Marmelade eventuell noch einmal pürieren, wenn sie dir noch nicht fein genug ist.

Marmelade

WINTER

6 Gläser

8 h 30 Min.

mittel

ANDREAS KARTOFFELMARMELADE

Zubereitungszeit: 30 Minuten
Kühlzeit ca. 8 Stunden
Zutaten für 6 Gläser

500 g durchgepresste, mehligkochende Kartoffeln
450 g Apfelsaft
50 g Zitronensaft
1 ½ Fläschchen Bittermandelaroma
500 g Gelierzucker 2:1

1. Für die Kartoffelmasse kochst du die Kartoffeln zuerst als Pellkartoffeln in nicht gesalzenem Wasser, bis sie gar sind.

2. Dann pellst du sie, während sie noch heiß sind und presst sie durch eine Kartoffelpresse. Lass die Masse abkühlen. Deck sie anschließend mit Frischhaltefolie ab und stell sie über Nacht kalt.

3. Nun füllst du die Kartoffelmasse mit Apfelsaft, Zitronensaft, Bittermandelaroma und Gelierzucker in den Mixtopf und vermischst alles 5 Sekunden/ Stufe 5.

4. Koch die Marmelade danach 12-14 Minuten/ 100°C/ Stufe 3. Abschließend führst du eine Gelierprobe durch und pürierst den Aufstrich 10 Sekunden/ Stufe 6-8.

Marmelade

5 Gläser

25 Min.

mittel

„LOTTI-KAROTTI" ORANGEN-KAROTTEN-AUFSTRICH

Zubereitungszeit: 25 Minuten
Zutaten für 5 Gläser

- 350 g Karotten, geputzt und grob geschnitten
- 500 g filetierte Orangen mit Saft
- 150 g Weißwein, trocken
- 1 Vanilleschote, ausgekratzt
- 50 g Zitronensaft
- ½ TL Zitronensäure
- 2 Messerspitzen Orangenschalenpulver
- 500 g Gelierzucker 2:1

1. Als Erstes schälst und putzt du die Karotten und schneidest sie in grobe Stücke. Dann schälst du die Orangen und filetierst sie.

2. Zerkleinere die Karotten nun 30 Sekunden/ Stufe 8, gib die Orangen und den Weißwein hinzu und koche die Mischung 5 Minuten/ 100°C/ Stufe 2 auf. Lass sie gut abkühlen.

3. Als Nächstes schneidest du die Vanilleschote der Länge nach auf und kratzt das Mark heraus. Gib es mit Zitronensaft und -säure, Orangenpulver und Gelierzucker ebenfalls in den Mixtopf und verrühre alles 3 Sekunden/ Stufe 5.

4. Nun kannst du die Lotti Karotti-Marmelade 12-14 Minuten/ 100°C/ Stufe 2 fertigkochen.

3 Gläser

20 Min.

leicht

ANANASMARMELADE

Zubereitungszeit: 20 Minuten
Zutaten für 3 Gläser

- 500 g Ananas-Fruchtfleisch
- 50 g Zitronensaft
- 2 Messerspitzen Chilipulver
- ½ Vanilleschote, ausgekratzt
- 250 g Gelierzucker 2:1

1. Als Erstes pürierst du die Ananas 10 Sekunden/ Stufe 10 im Mixtopf.

2. Füge nun Zitronensaft, Chilipulver, Vanillemark und Gelierzucker hinzu und vermenge alles 2 Sekunden/ Stufe 5.

3. Anschließend kochst du die Mischung 12-15 Minuten/ 100°C/ Stufe 2.

4. Füll die Marmelade nach der Gelierprobe heiß ab und lass sie abkühlen.

6 Gläser

15 Min.

leicht

SCHNELLE SCHARFE TOMATE

Zubereitungszeit: 15 Minuten
Zutaten für 6 Gläser

- 1000 g Tomatensaft
- 1 ½ TL Pul Biber (scharfes türkisches Gewürz)
- 1 TL Ingwerpulver
- 1 EL Chili, gemahlen
- 1 Messerspitze Muskatpulver
- 1 Vanilleschote, ausgekratzt
- 300 g Zucker
- 1 Päckchen Gelfix Super 3:1

1. Vermenge zuerst alle Zutaten im Mixtopf 10 Sekunden/ Stufe 5.

2. Koche anschließend die Marmelade 12-14 Minuten/ 100°C/ Stufe 2 und fertig ist die schnelle scharfe Tomate.

6 Gläser

25 Min.

mittel

TOMATENMARMELADE

Zubereitungszeit: 25 Minuten
Zutaten für 6 Gläser

- kleine Chilischote
- 1000 g Tomaten
- 1 Päckchen Gelfix Super 3:1
- 300 g Zucker
- 1 Zitrone, ausgepresst
- 2 Messerspitzen Zitronengraspulver
- ½ TL Zitronensäure
- 1 Orange, ausgepresst
- 20 g Gin

1. Als Erstes zerkleinerst du die Chilischote im Mixtopf insgesamt 20 Sekunden/ Stufe 8. Nach 10 Sekunden schiebst du sie mit dem Spatel nach unten und zerkleinerst sie dann für weitere 10 Sekunden.

2. Nun wäschst du die Tomaten und entfernst die Strünke. Püriere sie im Mixtopf 1 Minute/ Stufe 8-10.

3. Vermische als Nächstes das Geliermittel und den Zucker in einer Schüssel und gib die Mischung zusammen mit den weiteren Zutaten in den Mixtopf. Vermenge alles 5 Sekunden/ Stufe 4.

4. Jetzt kochst du die Tomatenmarmelade 12-15 Minuten/ 100°C/ Stufe 2 und machst vor dem Abfüllen eine Gelierprobe.